A todas las personas que luchan a diario
para aprender a quererse.
A quien nos ayuda a querernos.
A mis peques.
Y a mis Patris.

Lucía Serrano

Me quiero mucho

Beascoa

Me han llamado «culo gordo». ¿Habrá algo malo en mi culo?

¿Lo pensará todo el mundo? Soy una culo gordo.

A veces, cuando alguien se burla de nuestro cuerpo, no hay forma de olvidarlo. Es como si esas palabras se quedasen pegadas dentro de nuestra cabeza.

¿POR QUÉ PASA ESTO?

Nuestro cuerpo es como es, ÚNICO E IRREPETIBLE.

Y está bien así.

Pero si alguien se burla de él, sentimos que no sirve.
Que deberíamos cambiarlo por otro.

Cuando pensamos que tenemos algo que está mal,
enseguida aparece un miedo más grande:
¿y si todo el mundo se da cuenta?
¿Y si no le gusta a nadie?

¿Y SI NADIE ME QUIERE?

Da mucho miedo que nadie te quiera.
Es un pensamiento aterrador.

Pero te voy a contar un secreto muy importante:
da igual cómo seas. Siempre habrá personas
que te quieran tal y como eres.
Porque te quieren por ser tú.

Y no hace falta que le gustemos a todo el mundo,
pero sí es muy importante que tú te quieras.

¿Te has fijado que en la calle hay muchas imágenes?

ESTÁN POR TODAS PARTES.

¿Te has preguntado alguna vez para qué sirven?
Se llaman «imágenes publicitarias»,
y se usan para vendernos cosas.

¿Cómo son las personas que aparecen ?
¿Qué están haciendo?

Todas dan un mismo mensaje: si compras esto que te estoy enseñando, serás una persona guapa. Y, si eres guapa, todo el mundo te querrá.

Si hacemos caso a estos mensajes es muy difícil mirarse con cariño. Porque no nos parecemos a esas personas, pero dan a entender que tendríamos que ser como ellas para estar bien. ¡Atención! Estas imágenes intentan que no te quieras para luego venderte cosas. No dicen la verdad, así que no las creas. Cuando las veas, puedes decirles:

A las personas adultas también les llegan estos mensajes. Por eso a muchas no les gusta su cuerpo. O critican a quienes les rodean. ¿Las has oído alguna vez hacerlo?

Hay muchas personas que no saben mirarse con cariño. Porque nunca les enseñaron. O porque, cuando eran pequeños como tú, otras personas les decían cosas feas. Pero siempre es un buen momento para aprender.

Hay quien cree que conseguirá mirar su cuerpo con cariño si lo cambia por otro diferente. Pero no hay tiendas de cuerpos, ¿verdad? Así que lo intenta de otras maneras:

Con maquillaje.

Con cremas.

Haciendo ejercicio obsesivamente.

Incluso operándose, inyectándose cosas o dejando de comer.

El cuerpo enferma y la cabeza también.
Y lo peor de todo: la frase que les hace sentir mal no desaparece.

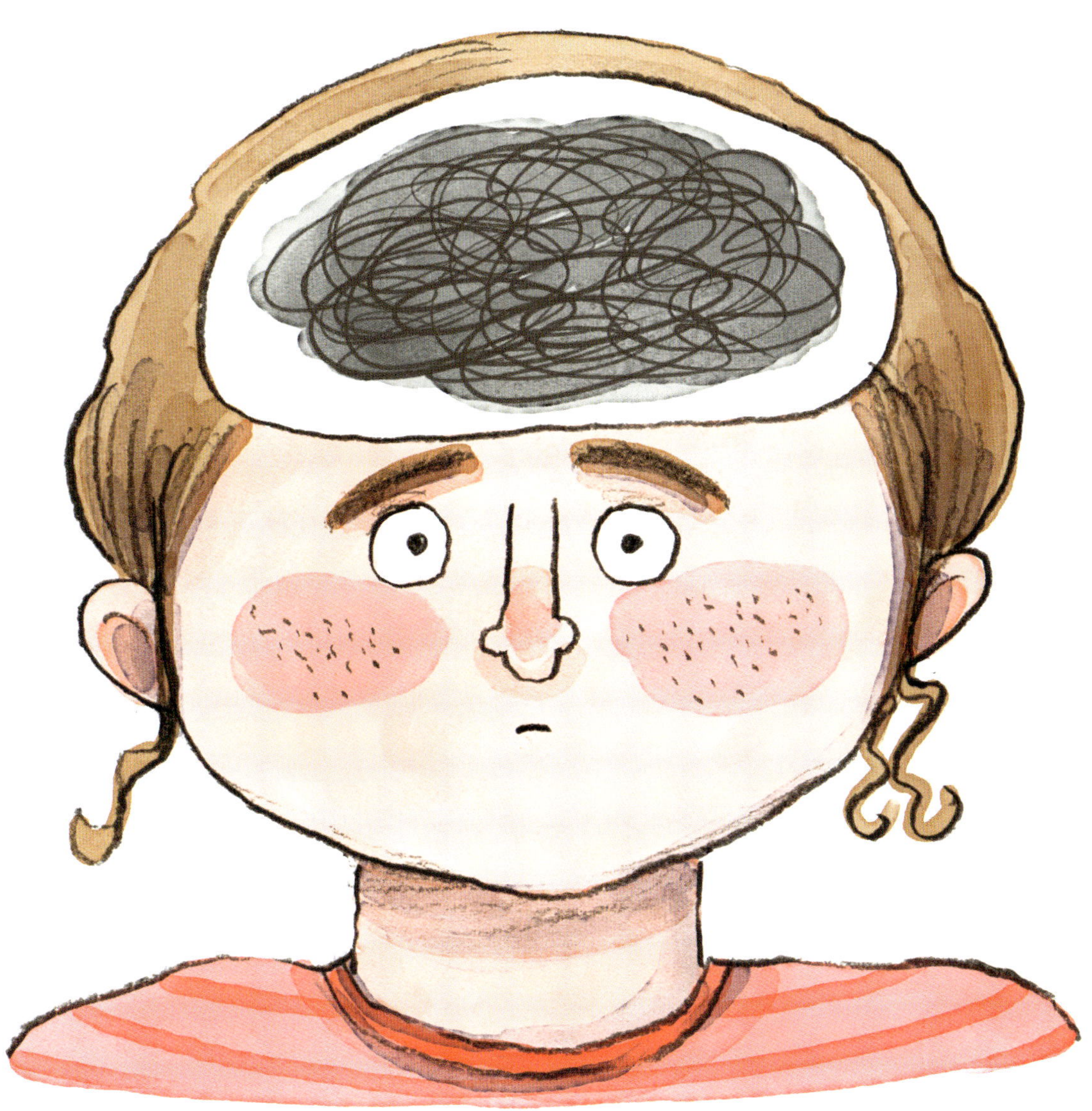

Cambiar cómo eres no es la solución.
La solución es otra muy distinta.

Pero, a todo esto, ¿QUÉ ES SER GUAPO O GUAPA?
¿Sabías que la idea de persona fea o bonita
ha ido cambiando a lo largo de la historia?
Las personas siempre han tenido que hacer cosas extrañas, y
hasta peligrosas, para alcanzar ese ideal. Sobre todo, las mujeres.

Antiguamente, en China,
se envolvían con vendas los pies
a las niñas de cuatro años y no se
las quitaban hasta los catorce,
para que sus pies se quedasen
pequeños (y rotos).

En Japón, hace mucho tiempo,
se pintaban los dientes de negro.
Pensaban que los dientes
blancos eran infantiles.

En Europa, hubo una época en la que las mujeres se arrancaban las cejas y las pestañas para que su frente se viese más redonda. También se echaban veneno en los ojos para tenerlos rojos y parecer un poco enfermas.

Antiguamente, la gordura se valoraba mucho, al igual que tener la piel blanca. Eran signos de riqueza y bienestar, ya que la gente pobre trabajaba al sol y no tenía qué comer.

Hasta hace bien poco, los zapatos de tacón y el color rosa eran de hombres. Se consideraban símbolos de poder.

VALE, PERO YO HE NACIDO AHORA.

Y SE HAN BURLADO DE MI CUERPO,
Y ME SIENTO MUY MAL.
¿QUÉ PUEDO HACER?

Hay personas que, cuando descubren que burlarse del cuerpo de alguien le hace daño, se burlan más. Si se burlan de ti, puedes pedir ayuda. Hablar con alguien de lo que nos duele hace que duela menos.

Te tienen que escuchar para que funcione. Si no te escuchan a la primera, busca a alguien que sí lo haga.

Para sentirnos bien, tenemos que rodearnos de personas que nos traten bien. Si alguien te trata mal, no te quedes a su lado. Busca a quienes que te hagan sentir a gusto.

Si ves que se lo hacen a otra persona, la puedes ayudar diciéndole que vaya a jugar contigo.

Tú también tienes que tratarte con cariño. Es algo que se puede aprender y practicar. Mírate al espejo. Intenta observarte de cuerpo entero, no a trocitos.

Vamos a decirle cosas bonitas a nuestro reflejo. Palabras que te calmen y te hagan sentir bien.

Si no te sale a la primera, no pasa nada.
Estamos aprendiendo.

Busca el latido de tu corazón.
¿Puedes verlo en tu pecho,
reflejado en el espejo?
Siempre te acompaña, tienes
música en tu interior.

AQUÍ
ESTÁ TU
CORAZÓN.

BUM BUM
BUM BUM

Ahora podemos fijarnos
en las partes del cuerpo.
Cada una de ellas tiene
una forma diferente porque
sirve para algo diferente.
¿Te habías parado a pensarlo?

SONRÍE.

Qué sonrisa tan alegre tienes.
Se ha iluminado la habitación.

AHORA ABRÁZATE FUERTE.
UN RATO LARGO.

Si tienes cerca a alguien a quien quieras,
puedes pedirle que te abrace también.

Tu cuerpo es lo mejor del mundo.
Con él puedes hacer
cosas que te gustan.
Puedes aprender.
Puedes sentir.
Puedes amar.
Y, sobre todo, vivir.

Sea como sea. Tenga la forma que tenga.

Tu cuerpo necesita que tú lo quieras para estar tranquilo y contento. Que le hables con cariño y amabilidad. Y que nunca lo dejes solito.

Porque a quien más caso le hace es a ti. Tu cuerpo te necesita.

Querer a nuestro cuerpo sí nos hace sentir bien.

Mirarse con cariño es un superpoder.

¡ME QUIERO

MUCHO!

Y SIEMPRE ME QUERRÉ. 

Receta para un cuerpo contento

Hay que cantar y bailar un poquito cada día.
Añadimos unas cuantas palabras bonitas y varios buenos abrazos
(para que un abrazo sea bueno tiene que durar un rato largo).
Puedes inventar tus propias canciones.
O buscar aquellas que te hagan sentir bien.

AQUÍ TIENES UNA POR SI TE GUSTA

 ME QUIERO MUCHO 

Hola, cuerpito,
cómo estás.
Pues hoy no estoy muy bien,
hoy me han hablado mal.

No te preocupes,
yo te ayudaré,
préstame atención,
que aquí viene una canción.

Me gusta mi cuerpito,
lo miro con cariño,
sonrío a mi reflejo
y bailo con el espejo.

Me gusta mi sonrisa
porque es como la brisa,
que llega al corazón
y lo expande un montón.

Me gusta mi energía,
porque me alegra el día,
así me enfrento a todo,
con ritmo y a mi modo.

Mis palabras bonitas,
alegran a mi cuerpo,
le susurro despacio:
«yo te protegeré».

Y SIEMPRE TE QUERRÉ.

ME QUIERO MUCHO
HO-LA CUER-PI-TO CÓ-MO ES- TÁS, PUES HOY NO ES TOY MUY BIEN, HOY ME HAN HA-BLA-DO MAL.
NO TE PREO-CU-PES, YO TE A-YU-DA RÉ PRÉS-TA-ME A-TEN-CIÓN QUE AQUÍ VIE-NE U-NA CAN - CIÓN
ME GUS-TA MI CUER-PI-TO, LO MI-RO CON CA- RI-ÑO, SON
RÍO A MI RE-FLE-JO Y BAI- LO CON EL ES-PE-JO. ME GUS-TA MI SON-RI-SA, POR QUE ES CO-MO LA BRI-SA, QUE
LLE-GA AL CO-RA- ZÓN Y LO EX-PAN-DE UN MON-TÓN. ME GUS-TA MI E-NER-GÍ-A, POR- QUE ME A-LE-GRA EL DÍ-A, A-
SÍ ME EN FREN-TO A TO-DO CON RIT-MO Y A MI MO-DO. MIS PA-LA-BRAS BO-NI-TAS, A-LE-GRAN A MI CUER-PO, LE
SU-SU-RRO DES-PA-CIO: YO TE PRO-TE-GE- RÉ. Y SIEM-PRE TE QUE - RRÉ.

Papel certificado por el Forest Stewardship Council®

Primera edición: octubre de 2025

Travessera de Gràcia, 47-49. 08021 Barcelona
Diseño de cubierta: Penguin Random House Grupo Editorial / Paola Timonet
Ilustración de cubierta: Lucía Serrano

Printed in Spain – Impreso en España

ISBN: 978-84-488-7186-4
Depósito legal: B-14.442-2025

Realización editorial: Araceli Ramos
Impreso en Gráficas Estella
Estella (Navarra)

BE 7 1 8 6 4